Je suis e… bonne …é !

Directeur de collection :
Léo-James Lévesque

Carol Scaini et Adele Chester

ERPI

Table des matières

La santé

Pour être en forme et en bonne santé, tu dois prendre soin de toi. Prends soin de ta **santé physique**. Mange bien, fais de l'exercice et repose-toi suffisamment. De plus, prends soin de ta **santé émotive**. Comprends tes émotions et fais face à tes problèmes. Enfin, prends soin de ta **santé sociale**. Fréquente des gens sur qui tu peux compter et en qui tu as confiance. Ces gens t'aideront à garder une attitude positive. Pour **être en santé**, tu dois donc prendre soin de ta santé physique, émotive et sociale.

Les bons amis sont importants pour ta santé sociale.

Faire de l'exercice est important pour ta santé physique.

Un corps en santé : la forme et la taille

Nous avons tous une forme et une taille différentes.

Chaque personne est unique. La forme et la taille dépendent en partie de l'**hérédité**. L'hérédité est l'ensemble des traits que tu reçois de tes parents. Si tes parents sont grands, tu seras probablement grand, ou grande. Si tes parents ont un poids santé, tu pourras garder plus facilement un poids santé.

Est-ce que je serai grand ?

La forme et la taille dépendent aussi de la nourriture qu'on mange et de l'exercice qu'on fait. Pour garder ton corps en santé, tu dois avoir de bonnes habitudes alimentaires et faire de l'exercice tous les jours.

Les besoins du corps

Ton corps a besoin de trois choses : de nourriture, d'eau et d'**oxygène**. La nourriture est le carburant de ton corps. Elle te donne l'énergie nécessaire pour faire des activités. L'eau fait fonctionner le corps. L'oxygène entre dans tes poumons quand tu respires. Il aide ton cœur à battre et ton cerveau à bien fonctionner.

Sans ces trois éléments, on ne peut pas vivre très longtemps. La plupart des gens ne survivent que deux ou trois semaines sans nourriture. Ils peuvent survivre seulement deux ou trois jours sans eau. Une personne peut mourir si elle n'a pas d'oxygène pendant quelques minutes.

La nourriture te donne l'énergie pour faire ce que tu aimes.

Les éléments nutritifs

Ton corps prend les **éléments nutritifs** nécessaires à son fonctionnement dans les aliments que tu manges. Les éléments nutritifs te donnent de l'énergie. Les glucides, les lipides, les protéines, les vitamines, les minéraux et l'eau sont des éléments nutritifs.

Les **glucides** donnent de l'énergie. Les glucides simples te donnent de l'énergie rapidement. Il y en a surtout dans les sucres et les fruits. Les glucides complexes te donnent de l'énergie qui dure plus longtemps. Il y en a dans les grains, comme le riz, le blé, le son et l'avoine. Les glucides complexes sont aussi une source de fibres. Les fibres aident à la digestion des aliments.

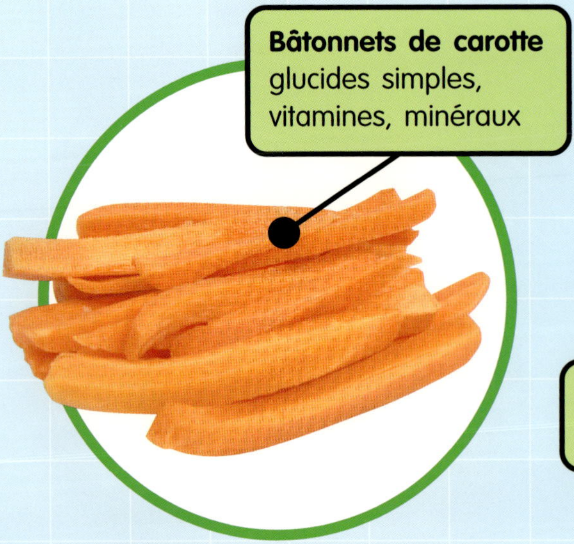

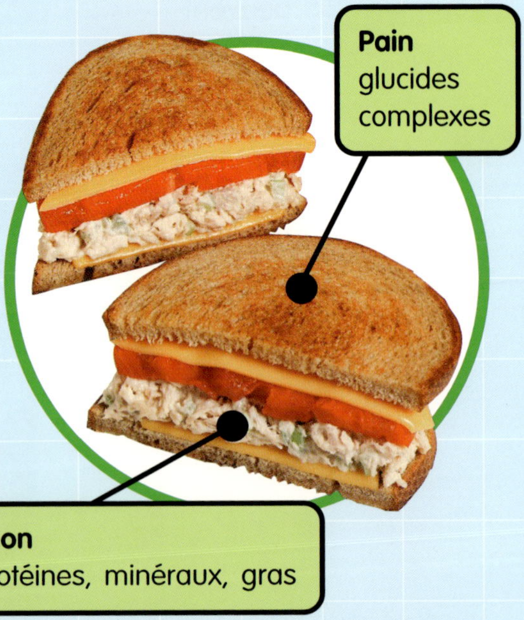

Les **lipides** sont une source concentrée d'énergie.

Les **protéines** jouent un rôle important. Elles favorisent la croissance et la réparation des tissus. Il y a des protéines dans la viande rouge, le poulet et le poisson. Il y en a aussi dans les haricots secs, les œufs et les noix.

Il existe plusieurs types de **vitamines** et de **minéraux**. Il en faut seulement de petites quantités. Chaque vitamine et chaque minéral aide ton corps à sa façon. Par exemple, le fer aide le sang à transporter l'oxygène. Il y a du fer dans les fruits de mer, les légumes verts à feuilles et les viandes rouges. La vitamine A aide à voir. Il y en a dans les carottes et les courges.

Le lait et le jus sont des boissons santé.

Chaque partie de ton corps a besoin d'eau. Ton corps est composé de 60 % d'eau. Il y a de l'eau dans ta peau et dans ton sang.

L'eau joue plusieurs rôles. Elle transporte les autres éléments nutritifs dans ton corps. Elle enlève les déchets. L'eau aide aussi à régler ta température.

Tu perds de l'eau par la sueur et l'urine. Tu dois boire de six à huit verres de liquide par jour pour remplacer l'eau perdue. L'eau, le lait et les jus sont des boissons santé. Les boissons gazeuses et le café ne sont pas bons pour la santé. Il faut boire assez d'eau et manger des aliments sains. Ainsi, ton corps reçoit tous les éléments nutritifs nécessaires à son fonctionnement.

Notre corps perd de l'eau durant nos activités physiques.

Les bons choix alimentaires

Le *Guide alimentaire canadien pour manger sainement* enseigne à bien manger. Il indique les aliments qui contiennent les éléments nutritifs nécessaires pour grandir et être en santé.

Le guide donne la liste des aliments sains. Il indique le nombre de portions de chaque groupe alimentaire à manger chaque jour. Tu dois choisir des aliments dans chaque groupe pour avoir tous les éléments nutritifs nécessaires.

Si tu choisis un fruit, ne prends pas toujours une pomme. Choisis des fruits différents, comme des raisins, des bananes, des ananas, des cantaloups ou des kiwis. Si tu suis le guide, tu auras tous les éléments nutritifs nécessaires à ta santé.

Le *Guide alimentaire canadien pour manger sainement* t'aide à choisir des aliments sains.

Des choix alimentaires sains

Groupe alimentaire	Exemples	Nombre de portions	À quoi ressemble une portion ?
Produits céréaliers	pain, céréales, riz et pâtes alimentaires	5 à 12 portions par jour	pain : un boîtier de CD céréales, riz, pâtes alimentaires : un bol
Fruits et légumes	pommes de terre, pommes et jus	5 à 10 portions par jour	pomme de terre, pomme : une balle de baseball jus : une tasse
Produits laitiers	lait, yogourt et fromage	3 à 4 portions par jour	lait, yogourt : une tasse fromage : un gros cube de glace
Viande et substituts	viande, volaille, poisson, haricots secs, œufs, noix et tofu	2 à 3 portions par jour	viande, volaille, poisson : une souris d'ordinateur haricots secs, noix : une tasse tofu : 100 grammes beurre d'arachide : deux cuillerées à table

Une mauvaise **nutrition** peut causer des problèmes de santé. Voici comment faire des choix santé :

- Suis le *Guide alimentaire canadien pour manger sainement.*
- Mange une variété d'aliments de chaque groupe.
- Bois beaucoup d'eau.
- Prends des repas nourrissants.
- Mange des fruits et des légumes.
- Ne mange pas trop de sucreries ou d'aliments frits.
- Trouve des recettes santé à la bibliothèque ou dans Internet.
- Présente tes recettes santé à ta famille et à tes amis.

Des brochettes de fruits amusantes

Prépare des brochettes de fruits amusantes. Avec l'aide d'un ou d'une adulte, lave quelques fruits et coupe-les en morceaux. Glisse les morceaux sur une brochette. Roule la brochette dans un plat de yogourt. Roule ensuite la brochette dans de la noix de coco ou des raisins secs. Maintenant, goûte ! C'est délicieux !

Ingrédients :
morceaux de pomme
raisins
rondelles de bananes pelées
fruits de ton choix

L'activité physique

C'est important d'intégrer l'activité physique dans la vie de tous les jours. L'activité physique réduit le stress, renforce le cœur et les poumons, et augmente le niveau d'énergie. L'activité physique aide aussi à atteindre et à maintenir un poids santé, et améliore le moral.

Le *Guide d'activité physique canadien* affirme que les jeunes de ton âge devraient faire 60 minutes d'activité physique par jour.

L'activité physique n'a pas besoin d'être difficile pour être bénéfique. Choisis une activité qui te plaît. Tu peux aller à l'école à pied, jouer au hockey, faire du vélo ou te baigner avec des amis. Aider à la maison, c'est aussi faire de l'activité physique. Des activités simples comme planter des fleurs, ramasser des feuilles ou pelleter la neige t'aideront à améliorer ta santé. Quelles activités aimerais-tu essayer?

PRINTEMPS

Tu peux faire de l'activité physique durant toute l'année.

ÉTÉ

Le *Guide d'activité physique canadien* t'informe sur les trois genres d'activités à faire pour garder ton corps en santé. Les activités d'**endurance** font travailler le cœur et les poumons. Elles te donnent plus d'énergie. La marche, la course et la natation sont des activités d'endurance. Les activités d'**assouplissement** t'aident à détendre tes muscles et à demeurer souple. La gymnastique, le yoga et les exercices d'étirement sont des activités d'assouplissement. Les activités de développement de la **force** contribuent à former tes muscles et à renforcer tes os. Porter des poids lourds comme des sacs d'épicerie est une activité de développement de la force. Tu as besoin d'une variété d'aliments et d'exercices pour rester en santé.

Navigue dans Internet

Tu trouveras plus d'information sur le *Guide alimentaire canadien* et le *Guide d'activité physique canadien* sur le site Web de Santé Canada.

AUTOMNE

HIVER

Le sac de pois volant

Voici un jeu amusant pour te faire bouger. Essaie de garder en l'air un sac de pois seulement avec tes genoux, tes jambes et tes pieds. On peut jouer seul à ce jeu, mais tu peux aussi jouer avec un ami ou une amie.

Il y a plusieurs raisons de faire de l'activité physique. C'est bon pour ton cœur, tes os et tes muscles. L'activité physique améliore la circulation sanguine. Elle t'aide à te sentir mieux et à être en forme.

Il y a aussi des raisons sociales d'être actif. L'activité physique t'offre l'occasion de passer du temps avec ta famille et tes amis. Tu développes l'esprit sportif, l'esprit d'équipe et le respect. De plus, tu te sens mieux dans ta peau après une bonne activité physique.

Le travail d'équipe est important.

Trouve à la bibliothèque des livres sur une activité physique qui t'intéresse. Deviens membre d'un club pour apprendre à pratiquer cette activité physique.

Voici des idées pour augmenter ton niveau d'activité physique :

- Ajoute des activités physiques à ce que tu fais tous les jours.
- Fais de l'activité physique en famille, par toi-même ou avec des amis.
- Informe-toi des activités offertes au centre de loisirs de ton quartier.
- Découvre les sentiers de randonnée pédestre ou les pistes cyclables de ta région.
- Choisis des activités physiques que tu aimes.

Tu fais de l'activité physique lorsque tu laves ton chien.

Des conseils pour les sportifs

Voici des idées pour faire de l'exercice en toute sécurité :

- **Marche sur place pendant quelques minutes et étire-toi avant de commencer.**
- **Ralentis l'activité graduellement avant d'arrêter complètement.**
- **Porte des vêtements confortables.**
- **Porte l'équipement approprié.**

Les étirements aident à se protéger des blessures.

La sécurité personnelle

Pour naviguer en sécurité

Voici quelques règles de prudence pour naviguer dans Internet :

- **Ne donne pas de renseignements personnels, comme ton mot de passe.**
- **N'envoie pas de photo.**
- **Utilise un faux nom.**

Assurer sa **sécurité personnelle**, c'est apprendre à se protéger des dangers. Il y a beaucoup de règles à suivre pour être en sécurité. Si tu les respectes, tu réduis le risque de blessures ou de problèmes.

La sécurité commence à la maison.

- Verrouille toujours les portes et n'ouvre jamais aux étrangers.
- Assure-toi que tu sais comment sortir de chez toi en cas d'incendie.
- Ne donne jamais ton nom, ton numéro de téléphone, ton adresse ou le nom des membres de ta famille quand tu utilises le téléphone ou Internet.
- Revois les règles de sécurité avec tes parents ou les personnes qui s'occupent de toi.

Pour obtenir de l'information sur la sécurité, va à la caserne de pompiers de ton quartier.

Tu dois te protéger quand tu es à l'extérieur de chez toi. Si tu fais une activité physique, porte ton équipement de sécurité. Par exemple, pour faire du patin à roues alignées, il te faut un casque, des genouillères et des protège-poignets.

Voici d'autres conseils de sécurité :

- Regarde dans toutes les directions avant de traverser la rue.
- Boucle ta ceinture de sécurité en auto.
- Porte un casque protecteur quand tu fais du vélo.
- Porte un gilet de sauvetage en bateau.
- Ne traverse jamais la rue au feu rouge.
- Ne suis jamais des personnes inconnues.
- Dis toujours à tes parents ou à la personne qui s'occupe de toi où tu es et avec qui.

Boucle toujours ta ceinture de sécurité. Elle pourrait te protéger de blessures graves.

Porte un casque quand tu fais du vélo.

Le repos et la détente

Ton corps a besoin de sommeil pour rester en santé. Le sommeil aide le corps à reprendre des forces à la fin d'une journée. Il donne l'énergie nécessaire pour continuer à faire nos activités. Certaines personnes ont besoin d'au moins 10 heures de sommeil pour être reposées ; d'autres ont besoin de moins d'heures.

La détente est importante pour la santé. Trouve du temps pour te détendre et te reposer. Détends tes muscles. Lis un livre ou fais une petite promenade. Écoute de la musique douce ou parle avec des amis. Fais ce que tu aimes.

Les gens se détendent de différentes façons. Certaines personnes aiment lire. D'autres préfèrent dessiner ou dormir.

La santé émotive et la santé sociale

Discute avec les autres pour arriver à une entente.

Pour avoir une bonne santé émotive et sociale, tu as besoin de personnes sur qui tu peux compter. Ces personnes peuvent être des amis ou des membres de ta famille. Tu ne t'entends peut-être pas toujours bien avec tes amis et ta famille. Cependant, si tu fais un effort, tu vas trouver une solution. Les gens se comprennent mieux quand ils discutent de leurs problèmes. Respecte la personne avec qui tu parles. Essaie de comprendre ce qu'elle te dit. Sois honnête et montre à cette personne qu'elle est importante pour toi.

Tu peux parfois avoir besoin de l'aide des autres. Dans ces cas-là, tu peux parler à tes parents, à d'autres membres de ta famille ou à de bons amis.

Ce n'est pas toujours facile de parler à ses proches. Certains services peuvent t'aider. Le service Jeunesse, j'écoute est là pour toi. Des conseillers et des conseillères peuvent répondre à tes questions. Ils peuvent te donner des conseils sur n'importe quel sujet. Tous les appels sont confidentiels. N'hésite jamais à demander de l'aide. C'est une bonne façon de trouver une solution à un gros problème.

Parle de tes problèmes à une personne en qui tu as confiance.

Une meilleure santé

Tu sais ce que tu dois faire pour être en santé. Mets tes connaissances en pratique. Commence par faire de l'activité physique. Éteins le téléviseur ou l'ordinateur. Dépose la commande de jeux vidéo. Trouve quelque chose qui va te faire bouger ! Ne te limite pas à une seule activité. Choisis des activités amusantes !

De bons choix t'aideront à avoir une vie plus saine.

C'est le temps de prendre de bonnes habitudes alimentaires. Aide à préparer des repas, c'est facile et amusant. Essaie de nouvelles recettes. Échange des recettes avec des amis. Mange un fruit à l'heure de la collation.

Pour soigner ta santé émotive et sociale, trouve des amis ou des membres de ta famille sur qui tu peux compter. Si tu as besoin d'aide, n'hésite pas à en demander.

Donne l'exemple ! Si tu es en bonne santé, les autres voudront être comme toi. Écris tes idées et invite des personnes de ton entourage à faire comme toi. Organise une randonnée pédestre, invente un nouveau jeu ou fais un pique-nique. Échange des recettes avec tes voisins, plante des arbres ou fais un jardin. Chacune de ces activités peut rendre ton environnement plus agréable et rendre les gens plus heureux !

Participe à un échange de recettes !

Apporte ta recette santé préférée. Montre-la à tes amis. Apporte aussi du papier et un crayon pour écrire de nouvelles recettes.

Date : mardi 24 octobre

Heure : midi

Endroit : gymnase de l'école

On t'attend !

Plante un arbre avec une personne que tu aimes. C'est bon pour ta santé émotive et sociale.

Glossaire

assouplissement	étirement, flexion et extension pour détendre les muscles et demeurer souple
éléments nutritifs	des substances alimentaires nécessaires pour grandir et rester en santé
endurance	activité soutenue pour renforcer le cœur et les poumons
être en santé	être en forme sur les plans physique, émotif et social
force	la capacité des muscles à accomplir un travail
glucides	des substances chimiques dans les aliments qui donnent de l'énergie au corps
hérédité	les caractéristiques transmises des parents à l'enfant
lipides	des gras qui sont une source d'énergie pour le corps
minéraux	des substances nécessaires au corps en petites quantités, comme le calcium et le fer
nutrition	l'alimentation
oxygène	un gaz incolore et inodore dont le corps a besoin
protéines	des substances dans les aliments dont le corps a besoin pour grandir et se réparer
santé émotive	la façon de bien gérer ses sentiments et d'affronter les changements
santé physique	la santé du corps
santé sociale	le fait d'être bien avec soi-même et avec les autres, et de régler ses problèmes
sécurité personnelle	le fait de se protéger du danger
vitamines	des substances nécessaires au corps en petites quantités; le nom de beaucoup de vitamines est une lettre, comme la vitamine A ou la vitamine C

Index